미래에서 만나요!

채사장

2021. 9.

채사장의 지대넓얕

01 권력의 탄생

글 채사장

책읽기를 좋아하는 평범한 사람이었던 채사장 작가님은 사람들과 지식을 나누는 대화를 하는 게 가장 재미있었어요. 이런 재미와 기쁨을 전하기 위해 팟캐스트 방송을 시작하면서 널리 알려졌죠. 2014년에 쓴 책 《지적 대화를 위한 넓고 얕은 지식》이 밀리언셀러에 오르며 인문학 도서 신기록을 달성했어요. 이후에도 다양한 책을 써서 독자들과 소통하고 있고, 강연을 통해 많은 사람들과 지식의 즐거움을 나누고 있습니다.

글 마케마케

오랫동안 그림책 작가와 어린이 책 편집자로 일하며 재미있는 이야기의 힘을 믿어 왔어요. 채사장님의 《지적 대화를 위한 넓고 얕은 지식》을 독자로 접하고 인문학이 삶을 바꿀 수 있다는 것을 실감하고는 어린이들에게 쉽게 전달하기 위해 알파의 이야기를 만들었어요. 매일 알파, 마스터와 함께 즐거운 지식 여행을 떠나고 있답니다.

그림 정용환

홍익대학교 산업디자인학과를 졸업하고 다양한 책과 매체에 일러스트 작업을 하였어요. 〈복제인간 윤봉구〉 시리즈, 《로봇 일레븐》, 《유튜브 스타 금은동》 등 다양한 어린이 책의 그림을 그렸으며 《슈퍼독 개꾸쟁》을 쓰고 그려서 제1회 '이 동화가 재미있다' 대상을 받기도 했지요. 평소 팟캐스트 〈지대넓얕〉의 팬으로, 어린이들이 교양을 익히고 더 나은 삶을 꿈꿀 수 있도록 이 이야기에 아름다운 그림과 색채를 입혀 주었답니다.

채사장의 지대넓얕 1
(지적 대화를 위한 넓고 얕은 지식)

초판 1쇄 발행 2021년 9월 17일
초판 38쇄 발행 2025년 1월 10일

지은이 채사장, 마케마케
그린이 정용환
펴낸이 권미경
마케팅 심지훈, 이선경
디자인 양X호랭 DESIGN

펴낸곳 ㈜돌핀북
등록 2021년 8월 30일 제2021-000179호
주소 서울시 마포구 토정로 47, 701
전화 02-322-7187 팩스 02-337-8187
메일 sky@dolphinbook.co.kr

ⓒ채사장, 마케마케, 정용환, 2021
ISBN 979-11-975784-1-0 74900
　　　979-11-975784-0-3 (세트)

이 책을 무단 복사·전재하는 것은 저작권법에 위반됩니다.
잘못 만들어진 책은 구입하신 서점에서 교환해드립니다.

채사장의 지대넓얕

지적 대화를 위한 넓고 얕은 지식

글 채사장, 마케마케
그림 정용환

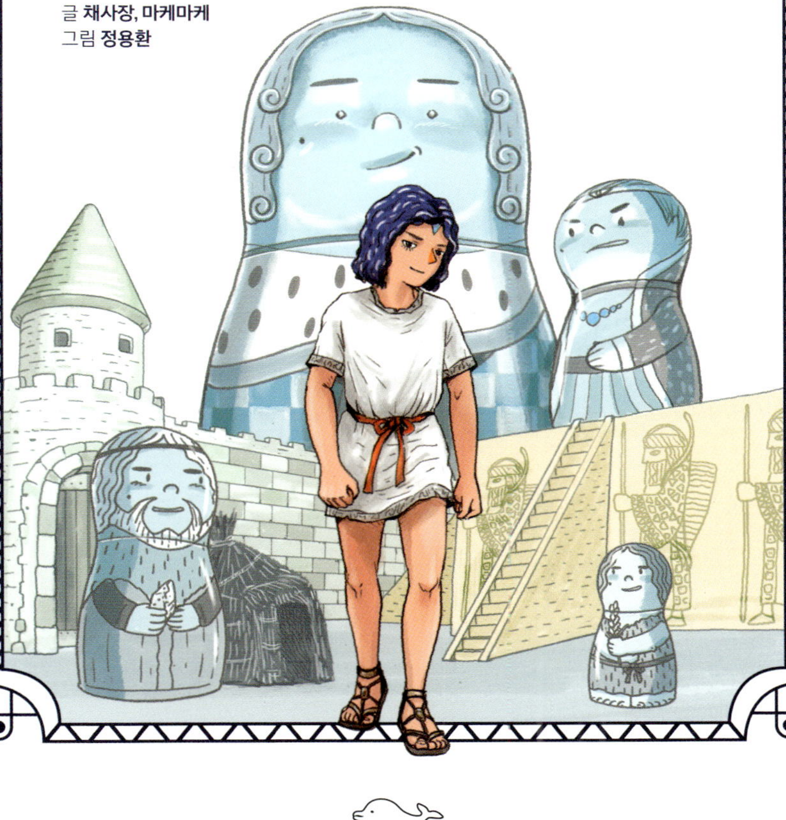

Dolphin books

저자의 말

세계를 보는 눈을 뜨는 것

안녕하세요? 채사장입니다.

저는 대중들에게 인문학 강의를 하며, 책을 쓰고 있어요.

제가 난생 처음 쓴 책이 《지적 대화를 위한 넓고 얕은 지식》입니다. 바로 지금 여러분이 읽고 있는 이 책의 성인판, 여러분의 부모님도 선생님도 읽었을 책이지요. 첫 책인데도 아주 많은 사람들에게 큰 사랑을 받았습니다.

그런데 이 책은 사실, 어른이 되기 전에 읽어야 하는 내용이에요. 조금이라도 더 어릴 때 알면 좋은 내용! 그래서 어른이 아니어도 잘 읽을 수 있도록 이렇게 쉽고 재미있는 책을 만들었습니다.

왜 저는 《지적 대화를 위한 넓고 얕은 지식》과 같은 인문학 책을 썼을까요?

대답을 위해 저의 어린 시절로 거슬러 올라가 보겠습니다. 저는 책을 읽지 않는 어린이였어요. 학교에서는 맨 뒤에 앉아 엎드려 잠만 자는 아이였지요. 세상과 사람에 대해서 통 관심이 없었어요. 그렇게 어영부영 고등학생이 된 어느 날, 너무 심심한 나머지 처음으로 책 한 권을 읽었습니다. 그 책은 소설 《죄와 벌》이었는데, 책을 읽고 저는 충격을 받았어요. 제 주변의 세계가 확 달라져 있었죠! 그때부터 저는 닥치는 대로 책을 읽기 시작했어요. 세계가 너무도 신기했고, 인간이 참으로 신비했죠.

하지만 성인이 될수록 세계를 더 잘 이해하기는커녕 세계를 도무지 이해할 수 없었어요. 왜 어떤 사람은 부자이고 어떤 사람은 가난할까? 똑같이 소중한 인간인데 왜 인간들 사이에 계급이 있는 것 같을까? 궁금했어요.

역사를 잘 살펴보니 그 답이 있었습니다. 오늘날 왜 경제에 의해서 세계가 좌지우지되는지 원인과 흐름을 이해할 수 있었죠. 인문학은 이렇게 세계를 보는 눈을 뜨게 해 줍니다.

세계를 이해해야 나를 이해할 수 있습니다. 나를 이해해야만 가족과 친구, 이웃도 이해할 수 있고요. 그래야 내 삶을 잘 살아갈 수 있지요.
교과서에서 배우는 지식만으로는 세계를 보는 눈을 뜨기 어렵습니다. 인문학을 공부해야 생각하는 힘을 기르고, 비로소 진짜 지식을 가질 수 있습니다. 그리고 지식을 넘어 지혜를 가진 사람이 될 수 있습니다. 인문학은 모든 공부의 기초이고, 시작이자 끝입니다.

이 책 《채사장의 지대넓얕》 시리즈는 역사부터 경제, 정치, 사회, 윤리 등 한 분야에 국한되지 않고 넓은 지식을 알려 줄 거예요. 책을 다 읽고 주변 사람들과 지적 대화를 나눠 보세요. 그러면 남들과 다른 지혜로운 어린이가 되어 있을 겁니다. 지금의 시대엔 지혜로운 사람이 주인공입니다.
자, 그럼 저와 함께 인문학의 새로운 세계로 여행을 떠나볼까요? 아마 이 책의 주인공 알파가 여러분의 멋진 친구가 될 겁니다.

2021년 초가을에, 채사장

차례

프롤로그 지구의 탄생 · 11

① 원시 공산사회
작은 돌조각 하나 ——— 21
- **채사장의 핵심노트** 역사의 핵심 속으로 떠나는 여행 ——— 42
- **마스터의 보고서** 인류의 시작 ——— 43
- **Break time** 미로 탈출! ——— 44

② 농업혁명
인간 사이에 권력이 생기다 ——— 45
- **채사장의 핵심노트** 어느 날 생산수단이 탄생했다 ——— 66
- **마스터의 보고서** 구석기와 신석기 ——— 67
- **Break time** 다른 그림 찾기 ——— 68

③ 고대 노예제사회
인간, 스스로 신이 되다 ——— 69
- **채사장의 핵심노트** 생산수단은 왕과 노예를 만들었다 ——— 96
- **마스터의 보고서** 세계 4대 문명 ——— 97
- **Break time** 떨어진 물건은 어디에? ——— 98

중세 봉건제사회
④ 가죽신을 만드는 신 99
- 채사장의 핵심노트 계급은 더욱 세분화되었다 126
- 마스터의 보고서 중세의 그리스도교 127
- Break time 계급을 찾아라 128

근대 자본주의
⑤ 세상이 바뀌는 날 129
- 채사장의 핵심노트 새로운 권력이 탄생했다 154
- 마스터의 보고서 프랑스 대혁명 155
- Break time 가로세로 낱말풀이 156

에필로그 신과의 대화 · 157

등장인물

알파

지구가 생성될 당시부터 존재했던 신.
하등 계급의 쪼렙신으로서 지구 생명체의
진화를 살피고 상위 신에게 보고하는 역할을
맡고 있다. 아무리 급이 낮아도 신은 신이라
모든 게 인간보다 한수 위다. 강인한 체력과
절대 죽지 않는 불사의 능력, 게다가 비구름을
이동시키는 신비로운 힘까지 갖추었다.
가엾은 인간들을 도우며 잘 지내보려고
마음을 먹었는데 어찌된 일인지 언제부터인가
인간에게 지배당하는 삶을 살고 있다.
어떻게 해야 인간으로부터 권력을 빼앗아
그들을 제압할 수 있을까?

마스터

알파의 비밀을 알고 있는 유일한 친구.
하얀 쥐의 모양을 하고 있지만, 죽지 않는
신적인 존재다. 특별한 능력은 없지만
오래 살아서인지 꽤 영리하다.
철부지 신 알파의 곁에서 조언과 충고를
아끼지 않는다.

오메가

신 알파에 비해 한참 모자란 인간. 겁이 많고 힘도 없고 감정적인 데다 수명까지 짧다. 숨이 붙어 있는 게 용할 정도로 약한 존재였는데 어느 날 생산수단을 손에 넣으면서 위치가 달라졌다. 다른 사람보다 더 많은 부를 쌓고 권력을 갖게 되었으며 아들과 손자, 후손들에 이르기까지 권세를 물려주고 있다. 오메가의 후손들은 스스로를 신이라고 일컬으며 절대적인 권력을 뽐냈고, 진짜 신인 알파를 노예로 부리게 되었다. 모든 인간이 평등하건 시대, 알파의 친구였던 오메가는 세월이 지날수록 그의 적수가 된다.

구석기 시대 오메가

알파의 친구. 시험 삼아 뿌린 씨앗이 이 모든 이야기의 시초가 된다.

신석기 시대 오메가

작은 돌조각 하나를 농사에 사용하며 최초로 권력을 갖게 된다.

고대의 오메가 왕자

절대적인 힘을 과시한다. 스스로를 신의 후손이라고 일컫는다.

중세의 오메가 국왕

신의 위임을 받아 나라를 다스린다고 말한다. 알파를 견제한다.

이 책을 읽는 방법

이 책은 어른들을 위해 처음 만든 《지적 대화를 위한 넓고 얕은 지식》을 어린이들도 볼 수 있게 만든 책이에요. 많은 지식들을 하나의 흐름으로 정리해 주는 책이지요. 여러분만의 특별한 독서법을 통해 이야기 속에 숨어 있는 지식과 그 지식을 꿰뚫는 통찰을 발견하면 좋겠어요.

Step 1 이야기에 집중하기

처음 읽을 땐 일단 순서대로 이야기를 따라가는 데 집중해 보세요. 이야기 속 주인공은 아주 특별한 인물이지만 그 시대를 살았던 평범한 많은 사람들의 삶을 보여 주는 인물이기도 해요. 주인공의 생각과 심리를 잘 살펴보고 "왜 그랬을까?", "이럴 때 어떤 마음이 들었을까?" 질문을 던져도 좋아요. 어려운 단어나 모르는 내용이 나오면 멈춰서 찾아봐도 되지만 일단은 계속 독서를 진행해도 괜찮답니다.

Step 2 핵심 단어와 흐름 찾기

총 5화에서 펼쳐지는 이야기들은 하나의 핵심 단어를 보여 주기 위한 것이에요. 그 핵심 단어는 무엇일지 생각해 보세요. 또 이 책은 우주의 시작, 지구의 탄생, 인간의 등장 같은 아주 먼 시간부터 가까운 근대까지 있었던 많은 사건들을 꼬챙이에 꿰어 내듯 연결해 하나의 핵심으로 정리했어요. 긴 역사를 꿰뚫는 이 하나의 흐름은 무엇일까요? 책을 다시 펼쳤을 땐 이 내용을 기억하며 읽어 보세요.

Step 3 지적 대화 나누기

"어떻게 눈에 보이는 단순한 물건으로 눈에 보이지 않는 관계가 만들어지는 것일까?"
"이야기 속 인물들은 왜 대립하게 되었을까?"
"저 인물은 왜 저렇게 행동할까?"
"이 이야기와 비슷한 역사 사건들이 있을까?"
책을 읽다 보면 여러 가지 의문점이 생길 거예요. 그리고 여러 번 꼼꼼하게 읽거나 다른 자료를 찾아보면 어느 정도 의문점이 해소될 수도 있을 거고요. 이렇게 내가 궁금했던 것, 발견한 내용에 대해 친구들이나 부모님과 이야기해 보세요. 토론을 통해 책을 읽은 것보다 더 큰 기쁨과 지혜를 만날 수 있을 거예요. 책의 마지막 장을 덮은 후에도 우리의 이야기는 계속 이어질 테니까요.

지구의 탄생

옛날 옛날 한 옛날에……라는 진부한 방식으로 이 이야기를 시작해 보려고 해.

Big Bang =

　기가 막힐 노릇이었지. 그에겐 행성을 창조할 만한 능력도, 진화의 방향을 조절할 권리도 없었거든.

　물론 쪼렙신도 신이기 때문에 약간의 능력은 있었어. 정해진 수명 없이 영원히 살 수 있고, 지구 생명체에 비해 에너지가 많고 힘이 셌지. 하지만 다른 신들에 비하면 우스울 수준의 능력이었어.

　그는 두리번거리며 이 엉성한 행성을 둘러보았어. 모든 신들에겐 저마다의 역할이 있다는 것쯤은 그도 알고 있었어. 문제는 그 스스로가 뭐부터 어떻게 해야 할지 몰랐다는 거야.

여기서 잠깐, 신들의 단계에 대해 알아볼까?

- **절대신** 우주를 창조한 신. 아무도 본 적이 없다.
- **고등 레벨 신** 우주 질서를 관리한다.
  (우주 팽창 속도, 별과 행성의 숫자와 비율, 우주 내 존재의 수치 등을 관리해서 평화를 유지함. 우주 괴물이나 쓰레기를 처리하는 많은 부하들 소유.)
- **중등 레벨 신** 별과 행성을 제조한다.
- **하등 레벨 신** 행성에 투입되어 운영 관리한다.

그래, 하등 레벨 신인 그는 이 행성을 관리하기 위해 내동댕이쳐진 거야. 행성에서의 경험이 쌓여야 결국 높은 레벨의 신으로 상승할 수 있거든.

말이 쉽지, 행성에서 벌어지는 모든 고통과 번민을 있는 그대로 체험한다는 건 여간 힘든 일이 아니었어. 지구의 진화 과정은 꽤나 혹독했거든. 하늘에서 쏟아지는 불덩이를 피해야 했고, 홍수와 지진을 견뎌야 했지. 살을 에이는 추위는 또 어떻고. 가끔 찬란한 오로라와 웅장한 빙산을 볼 때면 이 행성의 아름다움에 감탄하기도 했지만.

아무튼 그는 죽지 않고 모든 과정을 지켜보았어. 5억 년쯤 지나자 슬슬 생명체가 태동했고, 점점 그의 고통은 가중되었지.

대형 파충류의 밥이 될 뻔한 위기를 넘기고, 빠르게 진화하는 박테리아와 바이러스의 공격을 온몸으로 받아들여야 했으니까. 그래도 가장 힘든 건 지독한 외로움이었대. 아무리 생명체가 많아 봤자, 그와 마음을 터놓을 수 있는 존재는 하나도 없었거든.

매일 밤, 떨어지는 별을 보며 그는 마음속으로 울부짖었다고 해. 상위 신이시여, 왜 나를 이곳에 보내셨나요. 여기서 제가 할 수 있는 일이 대체 무엇인가요.

야속한 상위 신은 대답이 없었지. 그러나 자기가 생각해도 너무했다 싶었는지 어느 날엔 그에게 놀라운 능력을 선물로 주었다고 해.

"이 행성의 시작과 함께했으니, 행성의 멸망에도 관여하라."

이게 무슨 말이지? 혹시 지구를 없애고 싶을 때 없애라는 얘기 아냐?

　그토록 바랐던 신다운 능력을 얻어서인지, 아니면 이 얄궂은 행성이 익숙해진 탓인지, 그는 드디어 지구라는 곳에 정을 붙이고 살기로 마음을 먹은 모양이야. 사무치는 외로움도, 끝없는 지루함도 조금씩 적응되기 시작했지.

　게다가 요즘은 아주 신이 난 것 같더라고. 지구 탄생 38억 년 만에 가장 재미있는 생명체가 출현했거든.

　진화의 최종 단계에서 나타난 가장 완전하고 아름다운 존재. 기존의 모든 진화 과정을 뒤엎을 만한 이상한 생명체.

　맞아, 바로 인간이야. 인간은 신과 닮은 모습으로 나타나 빠르게 지구를 정복해나갔어.

그러나 저 철딱서니 없는 신은 이 생명체의 가능성에 대해 별 생각이 없나 봐. 인간을 깔보느라 정신이 없어. 빠르지도 강하지도 않고, 번식력도 약하다며 불쌍하게 여기고 있지 뭐야?

겉모습은 자신과 똑같은데 능력은 형편없으니 한껏 우월감을 느낀 모양이야. 알파 녀석, 저렇게 무시하다가 결국 큰코다칠 텐데 말이야.

아참, 알파가 누구냐고? 알파는 저 쪼렙신의 이름이야. 인간들 사이에서 인간처럼 살다 보니 이름이란 것도 필요하더라고. 아, 내 소개가 늦었지?

작은 돌조각 하나

얼핏 봐도 길이가 4미터는 넘어 보이는 거대한 맘모스. 녀석의 날카로운 엄니는 몸길이만큼이나 길다. 살짝이라도 받히면 몸에 구멍이 뚫리고도 남을 것이다.

게다가 번식기의 흥분한 수컷 맘모스는 성질이 꽤나 더럽다. 이리 저리 고개를 휘저으며 쿵쾅거리던 녀석은 눈앞에서 알짱거리는 인간에게 화풀이하기로 마음먹은 모양이다. 덩치에 어울리지 않는 기막힌 속도로 알파를 향해 달리기 시작한다.

그러나 상대는 인간이 아닌 신, 알파이시다. 달리기라면 이쪽도 만만치 않다. 알파는 아찔한 엄니 끝을 아슬아슬하게 피해 절벽 쪽으로 내달렸다. 약이 바짝 오른 맘모스가 더욱 죽일 듯이 쫓아왔다.

'조금만 더 가면 절벽이다!'

알파는 깎아지른 계곡 앞까지 맘모스를 유인하는 데 성공했다. 바람만 불어도 미끄러질 듯한 낭떠러지 앞에서 그는 잠시 생각이라는 걸 하는 것 같았다. 절벽 아래를 한 번 보고 맘모스를 한 번 보더니 씨익 웃는 게 아닌가. 그러고는 푸른 강물에 다이빙이라도 하듯 끝이 보이지 않는 절벽으로 몸을 던졌다.

그렇지, 알파가 생각이란 걸 할 리가 없다.

맘모스는 멈추려고 안간힘을 썼지만 돌진하던 자신의 속도를 제어하지 못했다. 무시무시한 먼지구름과 함께 10톤이 넘는 육중한 덩어리가 벼랑 아래로 미끄러졌다. 고막을 찢을 듯한 맘모스의 비명 소리가 골짜기를 뒤흔들었다.

오메가는 그 소리를 듣고서야 정신이 번쩍 들었다.

"알파, 알파! 안 돼! 알파!!"

오메가는 울며 골짜기 아래로 달려 내려갔다. 다리가 후들후들 떨렸다. 거대한 맘모스가 낭자하게 피를 흘리며 뻗어 있었다. 그 아래로 삐죽 나온 손이 보였다.

오메가는 거의 정신을 잃고 울부짖었다. 자신의 실수 때문에 동료가 죽어 버린 것이다.

"안 돼!! 알파……."

그때, 맘모스 아래에서 익숙한 목소리가 들렸다.

곧 육중한 맘모스의 몸을 밀치고 알파가 멀쩡하게 기어 나오는 게 아닌가? 신 알파에게 죽음이란 건 예정되어 있지 않았다. 오메가는 눈앞에 펼쳐진 비현실적인 장면을 도저히 믿을 수가 없었다.

"다음부턴 망 좀 잘 보라고. 귀찮아지니까."

맘모스를 툭 들쳐 멘 알파가 터벅터벅 걷기 시작했다. 아직도 어리둥절한 오메가가 훌쩍이며 그 뒤를 따랐다.

"너 괜찮아? 저, 정말 다친 데 없는 거지?"

알파는 그런 오메가가 측은했다. 정녕 이게 만물의 영장 인간이 맞단 말인가? 인간은 너무나 허약하다. 400만 년쯤 전인가, 지구에 처음 등장한 이들의 조상은 나무 위에서 초원으로 내려와 적응해 나갔다. 어느 날 두 발로 직립보행을 시작하더니 손을 쓰면서 다른 동물들과 달라지기 시작했다. 하지만 이들이 벌이는 일이란 대개 한심했다.

그들은 나무도 잘 못타고

물에 들어가면 형편없이 느려지며

작은 동물에게도 당하기 일쑤인 데다

배고픔을 못 견뎌서 나무뿌리를 캐 먹곤 했다.

몇 백만 년 동안 인류는 놀랍도록 달라진 게 없었다. 물론 수십 만 년 전에 불을 발견했을 때는 알파도 신이 나서 상부에 호들갑스럽게 보고하긴 했다. 하지만 그 뒤로도 변화는 더뎠다. 이렇게 힘없고 별다른 기술도 없는 존재가 이토록 오래 생존을 유지해 왔다는 것이야말로 지구의 미스터리다.

"알파, 같이 가~! 아이쿠!"

"앞 좀 보고 다녀. 그만 좀 넘어지고, 어? 이건 뭐냐?"

마을에 다다르자 낯선 광경이 보였다. 물가 주변에 웬 식물들이 마치 누군가 일부러 모아놓은 것처럼 떼 지어 자라고 있었다. 알파는 보고해 본 적 없는 것이었다.

"아, 그, 그거 내가 키우는 거야. 나중에 먹으려고."

순간 알파는 자신의 귀를 의심했다.

"뭘 한다고?"

"응, 그게 어떻게 된 거냐면……."

"알파! 이따 달이 뜨면 도, 동굴로 와. 내가 고, 고기 나눠 줄게, 헤헤."

오메가는 돌아보며 손을 흔들다가 또 넘어졌다. 한 치 앞 제 앞길도 못 보면서, 나중에 뭘 한다고? 알파가 생각에 잠겨 성큼성큼 바위산을 오르자 그의 가죽옷 속에 숨어 있던 마스터가 쪼르르 나와 어깨 위에 앉았다. 그가 알파의 귀에 대고 속삭였다.

"인간들 참 대단하지 않아?"

"뭐가?"

"직접 씨앗을 심어서 식량을 만든다잖아."

"그게 뭐가 대단한데?"

알파는 퉁명스럽게 대꾸했지만 인간이 미래를 계획하고 있다는 것이 조금 이상하긴 했다.

"으이그, 어리석긴. 저기서 매해 곡식이 나온다고 생각해 봐. 다시는 먹을 것을 구하러 힘들게 떠돌 필요가 없어지는 거지. 험난한 유목생활은 끝이라고, 끝!"

"픕, 정착한다고 뭐가 달라질까? 보나마나 지루할 게 뻔하지."

 구석기 시대 인간들은 먹이 앞에서 언제나 공평했다. 열심히 먹을 것을 구했고 누군가 사냥에 성공하면 똑같이 나누었다. 물론 좀 억울하긴 하다. 다치거나 죽을까 봐 몸을 사리는 오메가를 대신해 험한 일을 하는 건 언제나 알파였기 때문이다.

 곰과 맞서 싸우는 것도, 폭포에 뛰어 들어가 맨손으로 물고기를 잡아오는 것도, 사슴의 뿔을 단번에 잡아 사냥에 성공하는 것도 늘 알파였다.

"왜 이렇게 열심히 도와주는 거야?"

마스터가 물을 때면 알파는 그저 심심해서라고만 얼버무렸다. 알파가 인간을 돕는다고 해서 득될 건 없다. 인간들은 그저 똑같이 나눌 뿐이다. 가끔 고맙다며 알파가 사냥하는 모습을 동굴 벽에 그려 주기도 하지만, 그런 걸 바란 적은 없다. 가진 것도 없고 욕심도 없는 인간들이 함께 풀뿌리를 캐 먹고, 열매를 따 먹고, 물고기도 잡아먹으며 평등하게 사는 모습이 좋았을 뿐이다. 알파는 제 몫의 맘모스 고기를 조용히 뜯었다.

"좀 지루하긴 하지만, 평화로운 시대야."

인간들이 지금의 평화를 유지하면서 적당한 속도로 진화하는 것, 알파가 바라는 전부였다. 그러나 변화는 생각보다 빨리 다가왔다.

지금은 함께 일하고 함께 나누는 원시공산사회야. 여기서 '공산(共産)'이란 재산을 공동으로 소유하고 관리한다는 뜻이지.

세월이 흐르고 흘러 물가에 뿌린 씨앗들이 밀밭을 이루자, 인간들은 그 근처에서 정착하며 살기 시작했다. 어느덧 나이가 든 오메가는 쇠약한 몸에도 그 어느 때보다 더 열심히 밀밭을 가꾸었다. 그러던 어느 날, 밭 한가운데 솟은 바위를 옮기느라 애를 먹을 때였다.

놀란 가슴을 간신히 진정시킨 오메가는 바닥에 떨어진 날카로운 파편 하나를 조심스럽게 주웠다. 한 면이 잘 다듬어진 듯 매끈한 것이 꽤 쓸모가 있어 보였다.

'이걸로 풀이나 베어 볼까?'

오메가는 별 생각 없이 돌조각을 들고 김을 맸다. 결과는 놀라웠다. 손아귀가 아플 때까지 잡고 뜯어야 했던 억센 풀들이 돌조각 날이 스윽 지나가기가 무섭게 깨끗하게 잘려 나갔다.

오메가는 조금 흥분된 상태로 빠르게 풀을 베어 나갔다. 하루를 꼬박 써야 했던 밭고랑 매기가 반나절도 안 되어 끝이 나 버렸다. 일을 다 마쳤는데도 여전히 한낮의 기운이 뜨거웠다. 남은 시간 동안 쉴 수 있게 된 것이다. 오메가의 심장이 빠르게 뛰었다. 그는 주위를 두리번거렸다. 아무도 그가 이처럼 대단한 보물을 얻었다는 것을 알아채지 못했다.

그는 소중한 돌조각을 있는 힘껏 손에 쥐었다.

　나약한 몸으로 원시 시대를 살아가는 게 힘겨운 오메가였다. 식량을 구해 나누는 일도 잘하지 못해서 밥 먹듯이 남의 눈치를 보며 살았다. 오메가는 사실 속으로는 늘 자신이 멋진 사람이 되길, 남들보다 능력 있는 사람이 되길 꿈꾸었다. 그런데 지금 손에 쥔 것이 그 꿈을 이뤄줄 것만 같았다.

　오메가가 손에 쥔 것은 한낱 돌조각이 아니었다. 그것은 인간이 최초로 발견한 '도구'였다. 인간은 그것으로 더 많은 생산물을 거둘 수 있게 되었다. 말하자면 그것은 '생산수단'의 시초였던 셈이다. 오메가도 이때는 알지 못했다. 생산수단이 생산물 그 이상의 것을 가져다준다는 사실을.

　시간은 여느 때와 다름없이 흘러가는 것만 같았다. 그러나 느리게 흘러가는 이 지구 위 인간의 삶에 무언가 큰 변화가 비밀스럽게 시작되고 있었다. 다만 순진한 신, 알파만 모를 뿐이다.

역사의 핵심 속으로 떠나는 여행

○ 역사의 다섯 단계

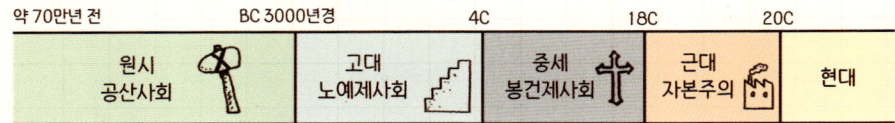

지금부터 우리는 알파와 함께 인류의 역사를 살펴보려고 합니다. 역사는 크게 다섯 단계로 나눌 수 있어요. 원시부터 근대까지 역사에서는 '생산수단'이라는 개념이 아주 중요하지요.

○ 생산수단과 생산물

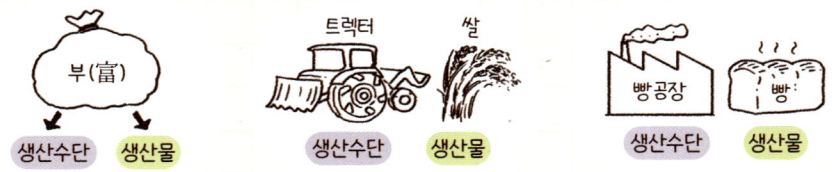

인간이 만들어 낸 부는 '생산수단'과 '생산물'로 나눌 수 있답니다. 농사를 도와주는 트랙터가 생산수단이라면 쌀은 생산물이죠. 빵 공장이 생산수단이라면 그곳에서 나온 빵이 생산물이 되는 것입니다. 생산물은 소비되는 반면, 생산수단은 생산물을 끝없이 생산해 낼 수 있습니다.

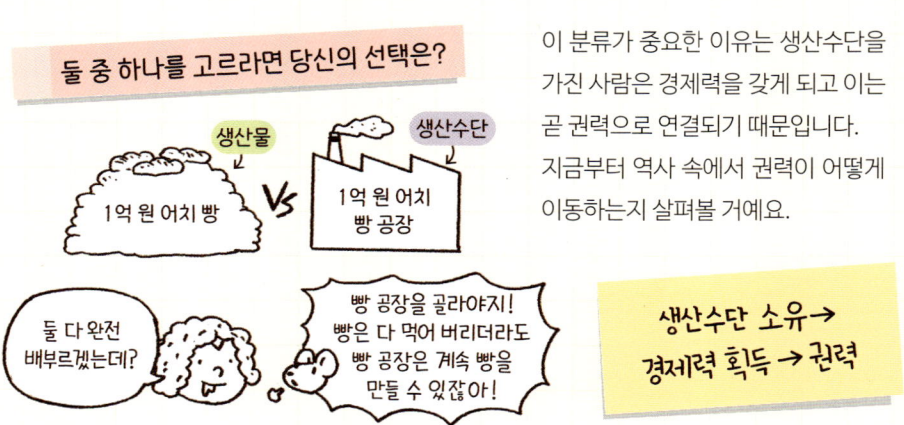

이 분류가 중요한 이유는 생산수단을 가진 사람은 경제력을 갖게 되고 이는 곧 권력으로 연결되기 때문입니다. 지금부터 역사 속에서 권력이 어떻게 이동하는지 살펴볼 거예요.

생산수단 소유 → 경제력 획득 → 권력

인류의 시작

인류는 약 400만 년 전, 아프리카에서 탄생했다. 최초의 인류를 후기 사람들은 '오스트랄로피테쿠스'라고 칭한다. 이들은 생긴 건 침팬지와 비슷했지만 다른 점이 꽤 많았다. 일단 두 발로 걷는 직립보행을 했다. 두 손이 자유로워지자 여러 도구를 만들어 사용하였다. 뇌 용량이 커지면서 인류의 진화는 빠르게 진행되었다.

250만 년 전에는 돌을 깨뜨리거나 쪼개서 '뗀석기'라고 불리는 간단한 도구를 만들었고, 약 40만 년 전에는 최초로 불을 발견하여 고기를 익혀 먹었다. 10만 년 전에 등장한 '호모 사피엔스'는 함께 모여 사는 공동생활을 하면서 더 정교한 도구를 만들었다.

남쪽원숭이사람
(오스트랄로피테쿠스)

손쓴사람
(호모 하빌리스)

곧선사람
(호모 에렉투스)

슬기사람
(호모 사피엔스)

슬기슬기사람
(호모 사피엔스 사피엔스)

현생 인류의 조상이라고 불리는 '호모 사피엔스 사피엔스'는 최초로 동굴 벽화를 남긴 이들이다. 이들의 그림에는 동물이 자주 보이는데, 사냥감이 많이 잡히길 기원하는 메시지로 여겨진다.

아마도 이때부터 인류는 신과 인간, 삶과 죽음, 철학과 종교에 대해 생각했던 게 아닐까?

알타미라 동굴 벽화
스페인 북부에서 발견된 구석기 시대 동굴 벽화이다.

미로 탈출!

함께 맘모스 사냥을 나선 알파와 오메가. 그러나 사나운 맘모스에게 오히려 쫓기는 신세가 되었어. 구석기인들의 먹이 찾기는 험난하기만 한데……. 알파와 오메가가 안전하게 동굴집으로 돌아갈 수 있도록 미로를 탈출해 봐!

으아악, 피해!!!

인간 사이에 권력이 생기다

지구 위의 시간은 가혹할 만큼 더뎠다. 탄생부터 진화까지 모든 시간을 지켜본 쪼렙신은 어느덧 무뎌지기 시작했다. 인간 사회를 관찰하는 일에도 게을러졌다. 백 년을 한 달같이, 천 년을 일 년처럼 살아온 지난 날들이었으니까.

계절이 여러 차례 바뀌며 매번 익숙하면서도 새로운 풍경을 보여 주었고…….

나무들은 하루가 다르게 키가 쑥쑥 자라 있었다.

몇 번의 홍수와 귀찮은 벌레 떼의 습격 때문에 살던 동굴을 두어 번 옮긴 것 빼곤

할 일 없이 그냥 잘 살았다.

"이봐, 신. 일 좀 해야 하지 않아? 인간 관찰 안 할 거야?"

"아까 전에 했잖아."

"아까 전? 겨우 몇 시간 전에 한 것처럼 말하네. 몇 십 년은 되었을걸?"

참으로 나태한 신이 아닌가. 이렇게 방만하고 태평하던 관찰자 쪼렙신에게 충격적인 사건이 생겼다.

건조한 여름날이었다. 여느 때처럼 동굴 안에서 낮잠을 즐기고 있는데, 어디선가 웅웅거리는 인간들의 소리가 들렸다.

"신이시여……."

어렴풋이 들리는 목소리는 애타게 신을 찾고 있었다.

　마을은 완전히 달라져 있었다.
　풀만 무성하던 곳에 여러 채의 집이 자리를 잡았고 알곡이 가득 달린 밀이 땅마다 빼곡했다. 알파는 한참 동안 아무 말도 하지 않았다. 아니, 할 수 없었을 것이다. 긴 침묵을 깬 것은 익숙한 인간의 목소리였다.

음식은 쓰거나 떫지 않았다. 딱딱하지도 않았다. 어떤 부분은 잘 익힌 고기를 뜯을 때처럼 쫄깃했고, 어떤 부분은 구운 생선처럼 바삭했다.

그것은 바로 원시 형태의 빵이었다. 인류 최초의 빵을 꼭꼭 씹어 삼키던 순간, 알파는 처음으로 인간이 두렵다는 생각이 강하게 들었다.

알파는 천천히 주위를 둘러보았다. 인간의 삶은 달라졌다. 험난한 자연에 당하기만 하던 그들이 안락하고 평온한 삶을 일궈 낸 것이다. 그것도 인간들 스스로 말이다.

생각이 여기까지 미치자 알파는 비로소 정신이 번쩍 들었다.

'이런, 내가 너무 늦게 왔구나.'

그 순간 알파는 인간의 곁에 있어야겠다고 결심했던 것 같다.

그날 이후 알파는 '농사'라는 것을 해 보았다. 봄에는 씨앗을 뿌렸고, 여름엔 물을 주고 잡초를 뽑았다. 가을이면 다 익은 작물을 거둬들였다. 가끔 필요할 때 비구름을 불러오기도 하고, 그 비구름을 다른 곳으로 보내기도 했다. 구름을 움직이는 일 정도는 쪼렙신도 해낼 수 있는 능력이었다. 나머지는 몸으로 때웠다. 그 또한 자신 있는 일이었다. 알파는 상위 신에게 보고하기 위해 농사의 과정을 세세히 기록했다.

> 인간들은 농경생활을 시작했습니다.
> 신도 아닌 그들이 직접 생산물을 만들어 내면서
> 자연의 이치를 이용하네요.
> 그 덕에 그들은 이제 안정적으로 아이를
> 낳아서 키우고, 가족을 이루며,
> 더 큰 사회를 일굽니다.

사회는 평등해 보였다. 풍년이면 다 같이 배불리 먹고 흉작이면 다 같이 배를 곯았다. 알파는 여전히 이 질서와 균형을 좋아했다. 원래 신들이란 우주와 자연이 일정한 섭리에 따라 차근차근 굴러가는 것을 좋아하는 법이니까.

구석기 시대에 비하면 더할 나위 없이 풍족한 세월이었다. 무엇보다 언제 어떤 열매가 열릴지, 알곡이 익으려면 얼마나 더 기다려야 할지 예측하고 계획을 세울 수 있었는데, 인간에게 이것은 큰 축복이었다.

하지만 모두가 배불리 먹을 만큼 언제나 식량이 충분한 건 아니었다. 가을에 수확한 작물들은 늦겨울에는 바닥이 날 수밖에 없었다. 이듬해 초여름 보리가 열리기까지는 배고픔을 견뎌 내야 했다.

얼음이 녹고 살랑거리는 봄바람이 불어오는 계절이면 집집마다 배고픈 아기들의 울음소리가 울려 퍼졌다.

알파는 그 소리를 들으며 몹시 괴로워했다. 철없는 쪼렙 신에게 인간을 도와야겠다는 마음이 다시 생긴 것이다.

가엾은 인간을 돕기로 했을 때 알파는 오메가를 떠올렸다. 알파에게 오메가는 자신이 아는 가장 불쌍한 인간이었다. 사냥 실력은 형편없었고, 체력은 약해 빠졌다. 매해 살아 있는 것도 용하게 느껴질 정도였다. 지금쯤 오메가도 농사일을 힘겨워 할 것이다.

'그래, 신인 내가 인간을 도와줘야지, 어쩌겠어?'

알파는 날아갈 듯이 산을 내려갔다. 귀찮긴 해도 신으로서 자비를 베푸는 건 꽤나 뿌듯한 일이었다. 모처럼 신의 기분을 만끽하리라.

하지만 오메가의 집 앞에 도착했을 때 알파는 자기 생각이 잘못되었다는 것을 깨달았다.

"여기가……, 맞나?"

오랜만에 찾아간 오메가의 집은 예전과 완전히 달라져 있었다. 다른 집들에 비해 월등히 컸고, 창고에는 식량이 가득 차 있었다. 곡식을 굽는 구수한 빵 냄새가 코끝을 자극했다. 집 안에 있는 여러 사람들 중 그 누구도 굶주린 것처럼 보이지는 않았다.

"오, 알파! 자네 왔는가?"

오메가는 음식이 가득한 식탁 위에 앉아 있었다. 놀라운 건 그 옆에서 다른 인간이 고개를 숙이며 시중을 드는 것이었다.

　아무렇지도 않게 다른 인간에게 지시를 내리는 오메가, 그리고 그 말에 순순히 복종하는 인간. 마을의 누군가는 굶주리는데 다른 누군가는 풍요롭다. 누군가는 일을 시키고 누군가는 시키는 일을 한다. 이게 대체 무슨 일인가?

　오메가가 발견한 돌조각은 머지않아 돌낫과 돌괭이가 되어 더 많은 농작물을 일궈 냈다. 또한 돌촉과 돌창이 되어 더 많은 사냥감을 거두었다. 오메가는 남아돌 정도로 식량을 비축할 수 있었다. 먹을 것이 없는 이들은 오메가 밑에서 일하며 살게 되었다.

재미있는 일이다. 눈에 보이는 돌조각 하나가 눈에 보이지 않는 권력 관계를 만들어 내다니.

　안타깝게도 알파가 좋아했던 인간 세계는 이로써 막을 내린 것 같다. 평등하던 원시사회는 더 이상 존재하지 않는다. 인간들 사이에는 높고 낮음, '권력'이 생겼다.

어느 날 생산수단이 탄생했다

○ 생산수단과 생산물

초기 인류는 수렵과 채집으로 평등한 생활을 했지만 점차 진화하면서 농경 생활을 시작했어요. 그리고 돌을 깨뜨리고 갈아서 농사에 쓸 도구를 만들었습니다. 그것이 바로 생산수단의

곡물을 생산하는 생산수단

생산수단에 의해 발생한 생산물

시초가 되었어요. 생산수단을 가진 사람들은 더 많은 곡식을 생산하고 더 배불리 먹고 편하게 생활하게 되었지요. 그렇지 못한 사람들과 생산량의 차이가 발생하면서 새로운 변화가 생깁니다.

○ 생산수단에 따른 사회적 변화

○ 권력의 시작

생산수단과 생산물은 눈에 보이는 물질이에요. 그런데 그런 물질들이 눈에 보이지 않는 권력이라는 것을 만들어 낸 셈이죠. 인간에게 권력이 생기면서 평등했던 원시 공산사회는 막을 내리게 됩니다.

농업혁명 이후 생산수단 소유의 차이가 권력의 차이를 만든다.

구석기와 신석기

1만 년 전, 인류에게 엄청난 사건이 생긴다. 농사를 짓기 시작한 것이다. 이를 신석기 혁명이라고도 부른다. 농경생활이 시작되자 인류의 생활엔 커다란 변화들이 생겼다. 먼저 식량을 찾아 이동하는 불안한 유목생활에서 벗어나 정착생활을 했다. 먹을 것이 풍부해지자 자연스럽게 인구도 증가했다. 이 당시 인류는 주로 강가에 정착하며 움집을 지어 생활했다. 또한 돌을 갈아서 농기구를 만들었고, 이러한 농사 기술의 발전은 더 많은 생산량을 가져왔다.

마스터의 보고서

	구석기	신석기
시기	약 70만 년 전	약 1만 년 전
도구	뗀석기(돌을 쪼개서 만든 도구) 연천 남계리 구석기 유적 주먹도끼	간석기(돌을 갈아서 만든 도구), 뼈 도구, 토기 부여 송국리 유적 반달돌칼
식생활	사냥, 물고기잡이, 채집	농경, 목축 시작
주생활	이동생활, 동굴, 막집	정착생활, 강가의 움집

Break Time
다른 그림 찾기

오랜만에 강가의 마을로 내려온 알파는 예전과 뭔가 많이 달라졌다는 것을 느꼈어. 그런데 대체 어디가 어떻게 달라진 걸까? 눈치 없는 알파를 도와서 두 그림의 다른 점을 찾아봐!

인간, 스스로 신이 되다

　상위 신에게 편지를 띄운 뒤 알파는 말없이 창밖을 바라보았다. 드넓게 펼쳐진 보리밭 위로 바람이 지나가자 초록빛 파도가 일렁였다. 알파는 마스터에게 말했다.

　"인간이 저런 걸 일구어 내다니……, 농사는 신과 가장 가까워지는 행위 같단 말이야."

　알파는 몇만 년 동안이나 같은 자리에서 농사를 지었다. 지루한 시간을 말없이 견딜 수 있었던 것은 이 행성의 아름다움 때문이었다. 햇빛과 비로 생명을 키우는 건 신만이 할 수 있는 고귀한 행위였다. 알파가 모처럼 사색에 흠뻑 빠져 있을 때, 귀찮은 인간의 목소리가 들렸다.

　"아저씨!! 아저씨!! 아저씨이이!!"

　이 농장에서 일하는 수다쟁이 여자아이였다.

"또 너냐? 안 바빠? 무슨 노예가 일도 안 하고 쏘다녀?"

"에이, 아저씨도 노예나 다름없으면서 쉬고 있었잖아요. 날이 가물어서 농장에 물 대느라 난리라던데 벌써 할 일을 다 끝내신 거죠? 역시 대단해, 대단해~. 뭐, 그럴 줄 알았어요. 저도 아저씨만큼은 아니지만 손이 빠른 편이거든요. 주인님이 시키신 길쌈을 다 마무리하고 나왔죠."

"그만, 그만! 여긴 왜 온 거야?"

"어머, 내 정신 좀 봐. 제가 이렇다니까요. 아저씨한테 줄 선물이 있어서 와 놓고서 딴소리만 잔뜩 했네."

아이는 바구니에서 자줏빛 천과 가죽 신발을 꺼냈다. 딱 보기에도 무척 귀해 보였다.

알파는 넋이 나가서 옷과 신발을 바라보았다. 이 농장 제일가는 솜씨라는 소문은 들었지만 실제로 보니 그 이상이었다.

"뭐 하세요? 한번 걸쳐 봐요."

아이는 장난스럽게 알파의 몸에 옷을 걸쳤다.

노예들이 입는 거칠고 얇은 천을 걸쳐도 빛나던 알파였다. 그런데 귀한 재료로 지은 옷을 입으니 말 그대로 구름을 뚫고 내려온 신처럼 아름다웠다.

"어머나, 신이 있다면 이런 모습일까요?"

호들갑이 싫지만은 않은지 알파는 피식 웃어 보였다.

"아무리 오메가 왕자님이라도 이보다 더 우아할 수는 없을 거예요!"

"오메가 왕자?"

알파의 얼굴이 순간적으로 어두워졌다. 작은 돌조각을 소유했던 오메가는 권력을 손에 넣었고, 대대손손 힘을 키웠다. 그러곤 결국 왕위에 올랐다.

신석기시대 오메가 족장 / 청동기시대 오메가 제사장 / 철기시대 오메가 군주 / 고대 오메가 왕자

알파는 익숙한 목소리에 고개를 돌렸다. 오래 전 맘모스를 함께 잡던 오메가와 똑 닮은 그의 후손이 서 있었다.

"어느 안전이라고 고개를 쳐들고 있느냐!"

신하의 호통에 알파와 여자아이는 고개를 숙였다. 오메가 왕자는 서서히 그들 가까이 다가와 위아래로 훑어보았다. 마치 더러운 것이라도 본 듯한 표정이었다.

"너희는 이 농장에서 일하는 노예가 아니냐. 천한 신분 주제에 감히 주인의 귀한 물건에 손을 대다니, 괘씸하구나."

"죄송합니다."

알파는 이내 사과했지만, 여자아이는 달랐다.

　알파는 거칠게 옷을 빼앗겼다. 간신히 가죽신만 남긴 채 신전과 가까운 지하 감옥에 갇혔다. 그날은 마침 오메가 왕자가 직접 기우제를 지내는 날이어서 밤이 되자 신전 주위에는 많은 사람들이 몰려들었다. 알파는 품에서 작은 돌조각을 꺼내더니 아주 오랫동안 만지작거렸다.

　"저 넓은 땅은 절대 혼자선 경작할 수 없지. 오메가 일족의 부는 모두 다른 사람들의 노동으로 얻은 거야."

　마스터는 가만히 고개를 끄덕이며 알파를 바라보았다.

　"일은 노예가 하는데 왜 저들이 모든 것을 가져가지?"

알파는 마치 자신이 갇힌 것을 방금 깨달은 사람처럼 철창을 잡고 가볍게 당겼다.

"이건 신의 뜻이 아니야. 지금이라도 바꿔야겠어."

단단한 쇠가 엿가락처럼 구부러졌다. 알파가 감옥을 탈출하는 데 굳이 신비로운 능력을 쓸 필요도 없었다. 놀란 군사들이 무기를 들고 다가왔지만 알파는 위협조차 느끼지 못했다.

알파는 성큼성큼 신전 계단을 올랐다. 꼭대기 층에 다다르자 수백 개의 횃불이 타오르는 넓은 방이 나타났다. 돌조각을 쥐고 있던 알파의 손에 힘이 들어갔다.

…그래, 넌 모르겠지.

이 알량한 생산수단을 소유한 덕분에

너의 조상들은 땅을 갖고 막강한 힘도 가졌다!

너는 아무 생각도 없이 일하지 않고 누리기만 하는 삶을 이어받았지!

알파의 기세에 신전에 있던 군사들은 모두 오메가 왕자를 향해 무기를 겨누었다. 그들도 그동안 말을 하지 않았지만 이 불공평한 세상에 분노하고 있었던 것이다.

 "아…, 그, 그게……."

 겁에 질린 오메가 왕자는 볼품없는 몸을 덜덜 떨 뿐이었다. 그때였다. 초점 잃은 오메가 왕자의 눈이 어느 순간 바닥에 떨어진 돌조각에 머물렀다. 어떤 기운이라도 얻은 것일까, 오메가는 놀라울 정도로 빠르게 침착함을 되찾았다.

 "재미있구나. 너희는 신이 두렵지도 않으냐?"

 오메가 왕자는 알파의 눈을 똑바로 쏘아보며 자리에서 일어나 벽면으로 걸어갔다. 대부분의 고대 국가에선 여러 신을 모시는 다신교를 믿었다. 신전 벽에는 바로 그 나라의 인간들이 모시는 수많은 신들의 모습이 조각되어 있었다.

오메가 왕자는 한 조각상 앞에서 걸음을 멈추더니 고개를 들고 포즈를 취했다. 그 모습은 벽면의 커다란 조각과 쌍둥이처럼 닮아 있었다.

　"보았느냐? 나는 바람 신과 구름 신의 아들, 오메가다. 내 안에는 고귀한 신의 피가 흐르고 있어! 너희가 현세에서 볼 수 있는 살아 있는 신이란 말이다!"

　알파는 오메가 왕자의 갑작스러운 신 타령에 헛웃음이 났다. 그러나 군사들은 달랐다. 그들은 하얗게 질린 얼굴로 무릎을 꿇더니 애원했다.

　"신, 신이시여……. 제발 살려 주십시오."

　오메가의 입가에 웃음이 스쳤다.

　"충성을 맹세한 자에게는 내세에 상이 주어질 것이니."

　알파의 분노가 하늘을 움직인 것일까. 눈이 타들어 갈 것 같은 번개가 빛나더니 이윽고 천둥소리가 지축을 흔들었다. 그리고 사나운 비가 쏟아지기 시작했다.
　"비, 비다. 비야!"
　갑작스러운 폭우에 모두가 들떠 있었다. 뜨겁게 가열된 지표면의 상승기류로 인한 돌풍과 소나기였을 것이다. 그러나 고대인들에게 모든 기상현상은 신비롭고 두려운 존재였다. 사람들은 정신을 잃을 정도로 감격하며 기뻐했다. 오메가 왕자는 자신만만한 표정으로 테라스 앞에 나섰다.
　"와아! 오메가 왕자님, 오메가 왕자님이야!"
　"오오, 오메가 왕자님의 기도가 이루어졌어."
　오메가가 두 팔을 펼쳐 화답하자 군중들은 엎드려 절을 했다. 오메가 왕자는 벅차오르는 얼굴로 힘주어 말했다.

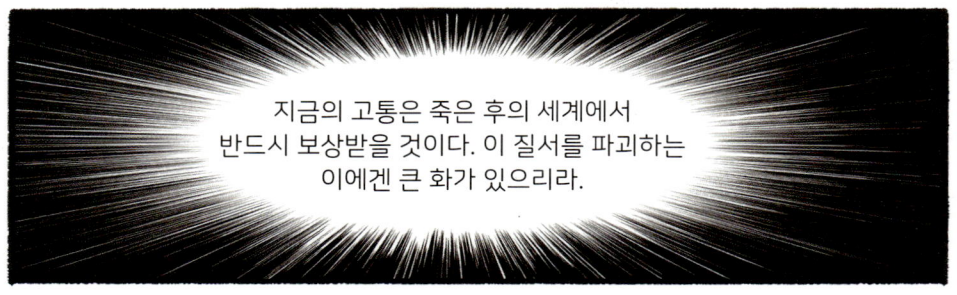

마스터는 비에 젖은 흰 쥐 꼴이 되어 중얼거렸다.

"영악한 인간들 같으니. 이제 신까지 자기 맘대로 이용하는군. 지배자는 생산수단을 독점하고, 그것을 신에게서 받았다며 정당하다고 말하는 거지."

가엾은 알파는 아무 말도 못하고 부들부들 떨고 있었다. 인간에게 한 방 먹은 신의 모습은 비참했다.

"어휴! 알파, 저 욕심 많고 거짓투성이인 인간들 그냥 다 없애 버리면 안 돼?"

"안 돼. 인간을 죽이는 데 능력을 쓰는 건 신의 법칙을 어기는 일이야."

알파는 눈물을 머금고 오메가 왕자를 쏘아 보았다. 그때였다. 오메가 왕자가 명령하자, 군사들이 여자아이를 끌고 나왔다.

노예의 처형 소식을 들은 사람들은 열광했다. 굶주린 맹수 떼가 피 냄새를 맡으면 이와 같을까. 알파는 돌이 된 것처럼 꼼짝하지 않았다. 눈물이 얼굴을 타고 흘렀지만 닦지 않았다.

"마스터, 나처럼 무력한 신이 또 있을까……?"

그동안 알파는 신으로서의 권능을 바라지 않았다. 주어진 임무에 만족하며 묵묵히 지루한 경험을 쌓아가던 그였다. 그런 신을 인간이 건드린 것이다.

알파의 발에는 여전히 여자아이가 만든 가죽신이 신겨져 있었다. 알파는 하늘 대신 발치를 내려다보며 기도를 올렸다.

"상위 신이여, 이 몸, 인간들의 위에 올라서고 싶어졌습니다. 어쩌면 당신 뜻을 어기는 순간이 올지도 모르겠습니다. 그땐……, 저에게 벌을 내리십시오."

생산수단은 왕과 노예를 만들었다

○ 지배자와 피지배자

생산수단을 소유한 이들은 지배자, 소유하지 못한 이들은 피지배자가 되었습니다. 역사는 이어졌고, 사회는 계급으로 체계화되었지요. 지배계급으로 왕과 귀족, 피지배계급으로 평민과 노예가 구성되었습니다.

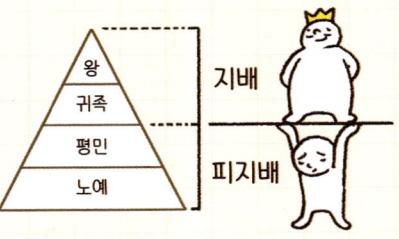

시대에 따라 생산수단도 달라졌습니다. 과거의 돌조각은 이제 누구나 가질 수 있는 흔한 물건이 되었으니까요. 지배계층이 소유한 생산수단은 바로 토지, 영토였어요.

생산수단의 변화

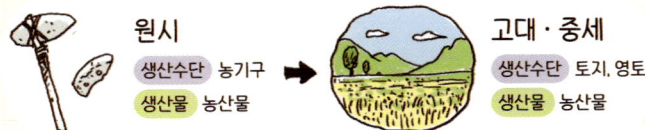

○ 지배체제의 완성

그러나 영토는 혼자서 운영할 수 없었어요. 누군가가 땅을 대신 경작해 줘야 하기 때문이지요. 그래서 지배자인 왕은 피지배자인 노예를 고용하고 대가를 지불합니다. 즉, 노예에게 일을 시키고 그렇게 나온 생산물의 일부를 준 것이지요.

노동은 피지배자가 하였는데 받는 것은 생산물의 일부라니, 피지배자 입장에서는 억울할 것도 같습니다. 이때 지배자는 '신'을 이용했어요. 스스로를 신과 동일시합니다. '제정일치' 사회가 바로 이것입니다. 그렇게 고대 노예제 사회는 종교를 이용하여 지배체제를 완성합니다.

祭政一致
제 정 일 치
정치와 종교 지도자가 일치한다

고대의 생산수단 : 토지와 영토
↓
지배자가 생산수단을 독점
↓
독점의 정당성 : 종교로 찾음

세계 4대 문명

생산물의 증가로 풍요로워진 인류는 도시를 이루며 살기 시작했다. 따뜻한 날씨와 비옥한 토양, 농경에 적합한 강이 있는 곳에서 문화, 철학, 예술 등이 발전했다. 티그리스강과 유프라테스강, 황허강, 나일강, 인더스강 유역에서 발생한 문명을 4대 문명이라고 한다.

메소포타미아 문명

기원전 3500년경 시작된 최초의 문명. 티그리스강, 유프라테스강 유역에서 발달. 설형문자, 태음력, 점성술 등이 발달했고 현대의 요일과 시간의 개념이 정립되었다.

이집트 문명

기원전 3200년경. 정기적인 나일강의 범람으로 탄생한 문명. 지리적 특성으로 외적의 침입을 받지 않고 평화롭게 문명을 지킬 수 있었다.

인더스 문명

기원전 2500년경. 인더스강의 비옥한 평야 지대에서 시작되었다. 하라파, 모헨조다로 유적이 발견되었다. 강의 범람, 혹은 아리아인의 침입으로 어느날 갑자기 사라졌다고 추측된다.

황허 문명

기원전 2000년경. 중국 황허강 유역에서 시작되었다. 중국 최초의 고대국가 은(상)나라, 주나라를 중심으로 발전하였다.

마스터의 보고서

Break Time
떨어진 물건은 어디에?

신전 앞에 많은 사람들이 오메가를 신이라고 믿고 따르고 있어. 이곳에 시간여행을 하던 채사장님이 흘리고 간 물건들이 있다고 하는데……. 고대와 어울리지 않는 다섯 가지 물건을 찾아봐!

떨어진 물건 노트북, 미니선풍기, 휴대폰, 운동화, 모자

4 중세 봉건제사회

가죽신을 만드는 신

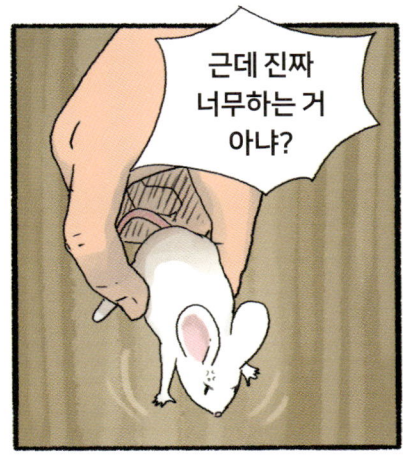

　오메가 왕자가 스스로 신을 자처한 이후, 여자아이는 죽었고 알파는 살아남았다. 그리고 세상은 흘러갔다. 마치 아무 일도 없었다는 듯이.

　사실 알파에게는 작은 변화가 생겼다. 농사 대신 가죽신 만드는 법을 배운 것이다. 알파는 꽤 오랫동안 그 일을 해 왔다. 몇천 년을 하루같이 구두만 만들었으니, 지금 그가 이 시대 최고의 구두장이가 된 것은 당연한 일일지도 모른다.

　알파가 가죽을 만지는 동안 인류에게도 많은 일들이 벌어졌다. 수많은 신들이 만들어졌다가 사라졌그, 수많은 왕들이 권위를 떨치다 목숨을 잃었다.

　그중에서도 서양에서 가장 큰 사건은 예수의 탄생과 죽음, 그리고 부활이 아닐까.

1세기에 태어난 유대인 사나이 예수는 이스라엘 지역을 기반으로 가르침을 시작했다. 내용은 유대인이 오랫동안 믿어 왔던 유대교에 관한 것들이었다. 율법을 다르게 해석하고 절대적이던 교리를 비판하기도 했으니, 당연히 얼마 못 가 같은 유대인의 손에 죽음을 맞이하게 되었다. 문제는 그가 죽은 후 사흘 만에 부활했다는 소문이 돌자, 그를 추종하는 무리들이 급격히 늘어난 것이다. 유대인과 로마의 끈질긴 박해가 있었지만 소용없었다. 예수를 믿는 사람들은 지역을 넘나들며 들불처럼 번져나갔고 몇 백년 간 비밀스럽게 종교를 이어나갔다. 그러던 어느 날 반전이 일어난다. 4세기, 로마의 황제가 그리스도교를 로마의 국교로 인정하면서 탄압받던 종교가 하루아침에 유럽 전역으로 퍼져 나간 것이다.

"신이 이 세계에 개입하면, 인간을 바꿀 수 있을까?"

하루는 알파가 벽에 걸린 십자가를 보며 마스터에게 물었다.

"그건 또 무슨 말이야?"

"우리……, 아주 잠깐이었지만 예수를 직접 만난 적이 있었어. 기억나?"

마스터는 잠시 생각하더니 곧바로 대답했다.

"아, 생각났다. 네가 가죽 냄새 제거할 향유를 구한다고 그 먼 데까지 날 끌고 갔잖아. 유대 광야였지? 잠깐 대화도 했었는데……, 네가 돌을 빵으로 만들 수 있냐고 물었던가? 아, 몰라. 아무튼 스치듯 만났어."

"그를 멀리서 마주치던 순간 난 느꼈어. 나보다 훨씬 높은 상위 신이 이 세계에 개입한 걸지도 모른다고. 잘됐다. 이 지구에서 벌어지는 불평등과 모순이 끝날 때가 됐구나……."

"그런데?"

"아니더라고. 예수와 그의 무리들이 그렇게 피를 흘려도 바뀌는 게 없더라. 오히려 지배 세력들은 더 커진 힘으로 더 많은 사람들을 억압하고 더 많이 가지려 하지."

알파가 살고 있는 마을은 '장원'이라고 불리는 땅으로, 영주가 주인인 작은 독립 국가 같은 구조다. 이 폐쇄적인 공간 안에서 영주는 절대적인 권력을 가지고 장원에서 발생하는 모든 재산과 일을 장악했다. 영주의 땅에서 일하는 사람들을 '농노'라고 불렀다. 말 그대로 반은 노예인 농민들이었다. 이들은 고된 노동과 굶주림에 시달렸으며 턱없이 많은 세금을 바치면서도 결혼을 하거나 집을 짓는 일까지도 영주의 허락을 받아야 했다.

반면, 교회의 성직자들은 영주 못지않은 권세를 누렸고, 영주의 밑에서 일하는 기사들은 무력으로 농노들을 괴롭히기 일쑤였다. 이들은 따로 노동을 하지 않았고, 세금도 일절 내지 않았다. 힘들게 일하고 억울하게 수탈당하는 것은 오로지 농노들의 몫이었다.

알파는 십자가 앞으로 가서 낮은 목소리로 속삭였다.

"상위 신이여, 당신이 틀렸습니다. 인간은 세상을 바꾸지 않았습니다. 어째서 우리 신이 오메가들보다 더 강하면 안 되나요? 그들 위에서 세상을 되돌려놔야 하지 않겠습니까?"

그때 거칠게 문을 두드리는 소리가 들렸다.

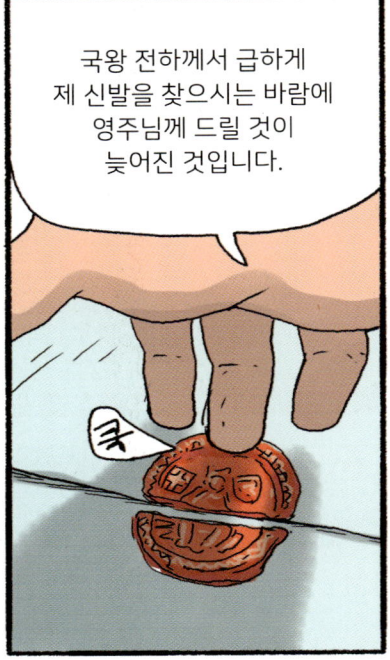

기사가 나가자 알파는 아무 일도 없었다는 듯 책상에 앉았다. 마스터는 웃음이 나는 걸 꾹 참으며 말했다.

"알파, 대단한데? 제법 영악한 인간 같다?"

"아무리 신이라도 이 험한 세상에서 살아남으려면 이 사회 계급 구조쯤은 꿰고 있어야지."

"계급 구조?"

알파는 깃털 펜을 꺼내 양피지에 그림을 그렸다. 뾰족한 피라미드 모양이었다.

맨 위에 국왕이 있었고 그 아래 성직자, 성직자 아래 영주, 그 아래로 귀족, 기사, 농노, 그 밑에 노예…….

"제아무리 영주의 힘이 크고 왕을 견제한다고 해도, 국가의 최고 권력은 국왕에게서 나오는 법."

마스터는 피라미드 그림을 보며 말했다.

"고대 시대랑 비슷하네, 뭐."

"달라진 게 하나 있긴 해. 왕이라는 작자는 스스로를 신이라고 말할 수 없게 되었지."

알파는 또박또박 말을 이었다.

"왜냐하면 지금 세계에서의 신은……, 예수 그리스도 단 하나니까."

그렇다. 선택받은 몇몇 이들이 평범한 다수의 사람들을 수탈하는 방식은 그 옛날 고대 노예제사회와 다를 바 없다. 단, 지금의 지배자들은 스스로를 신이라 일컫는 대신 신으로부터 통치 권한을 '위임' 받았다고 말한다. 그 권한을 인정해 주는 것은 성직자들의 몫이다. 그 대가로 교회는 지위와 재산을 보장받았다. 이렇게 되니 피지배자들도 불만을 갖기 어려웠다. 신의 선택을 거역할 수는 없는 노릇이니까.

이처럼 견고하고 안정적인 사회구조 덕에 이 지배 체제는 천 년이라는 긴 시간 동안 유지될 수 있었던 것이다. 사람들은 이 시기를 '중세'라고 불렀다.

"그런데……, 천 년을 이어간 이 피라미드도 조만간 무너지고 말 거야."

알파는 가만히 중얼거렸다. 오랜 시간을 살아온 만큼 작은 변화에서도 큰 의미를 찾는 눈이 생긴 것일까? 알파의 말처럼 세상은 변하고 있었다. 얼마 뒤 염전에서 소금이나 캐 내던 베네치아 사람들이 부자가 됐다는 소문, 배 타고 나가서 장사하면 잘 살 수 있다는 소문들이 들렸다. 머나 먼 중국에서 왔다는 비단이나 이슬람의 보석들도 유럽인의 마음을 설레게 했다.

　보석보다 더 값나가는 건 향신료였다. 높으신 손님들은 하나같이 후추라는 향신료 이야기를 늘어놓기 일쑤였다. 당연히 외국에서 후추를 사 들여온 이들은 큰돈을 벌었다.

　중세는 흔들리고 있었다. 토지나 영토가 없어도 필요한 것이 있으면 세계로 나아가 물건을 구했고, 돈을 주고 물건을 사고파는 것이 자연스러운 시대가 온 것이다.

　얼마 전까지만 해도 사람들은 장사치들을 천하게 여겼지만, 이제 상황이 달라졌다. 부유한 상인들은 귀족들보다 더 화려하게 차려입고 성안을 누볐다. 영주나 기사들의 눈치를 볼 것도 없었다. 돈 앞에서 그들은 자유로웠다. 과거에는 돈을 빌려주고 이자를 받는 일을 죄라고 여겼지만 이제는 누구도 부끄럽지 않게 여겼다. 은행이 생겨나고 금융업이 발달했다.

　그동안 천한 구두장이일 뿐인 알파를 보는 눈도 달라졌다. 높은 분들의 취향을 잘 맞춰 준 덕에 알파도 어느덧 돈을 꽤 벌었던 것이다. 사람들은 모두 그를 우러러 보고 부러워했다.

　결정적으로 '기계'라는 것이 생겨나면서 인간 사회의 진화는 가속도를 내어 달리기 시작했다.

어느 날 알파는 들뜬 얼굴로 뛰어 들어왔다.

"마스터, 마스터! 들었어? 증기기관이라는 게 발명되었대."

알파가 가진 능력도 비슷했다. 가끔 바람을 움직이거나 눈과 비를 내리고 그치게 했는데, 이는 대기의 움직임을 읽고 그것을 모으거나 이동시켜 에너지를 내는 것이었다. 그런데 누군가 그것을 이용해 물건을 만들다니! 흥분한 알파는 금고에서 돈을 꺼내 세어 보더니 어디론가 황급히 나갈 채비를 했다.

"앞으로 바빠질 거야. 버려져 있는 땅부터 사야겠어. 사람을 구하고 기계를 사서 공장을 만들 거야!"

머지않아 알파의 말은 현실이 되었다. 그가 산 땅 위에는 공장이 세워졌고, 노동자들과 기계들이 들어왔다.

인간에게는 긴 시간이겠지만 행성의 창조부터 지켜본 신의 입장에서는 천 년도 짧은 시간이었다. 그런데 지금은 몇십 년 안에 많은 것이 바뀌고 있었다. 그리고 그 변화를 재촉한 것은 다름 아닌 알파였다. 그의 공장은 아주 빠르게 움직였다.

공장의 놀라운 점은 일을 분업화 한다는 것이었다. '분업'은 여러 사람이 생산 과정을 나눈다는 뜻이다.

알파가 가죽신 한 켤레를 만들려면

소를 잡아서 가죽을 벗기고

가죽을 말리고…….

설계에 맞게 재단한 후,

재봉을 거친 다음…….

조립하고 가공까지 할 일이 많았다.

일은 단순하고 빨라졌으며 가죽신은 예전과 비교도 못할 정도로 많이 생산됐다. 그리고 알파는 변했다. 예전처럼 잘 자란 농작물에서 신의 아름다움을 발견하며 기뻐하던 알파가 아니었다.

 커다란 공장의 주인이 된 알파는 오메가 못지않게 강해졌다. 그는 계속 일을 늘리고 공장을 키웠다. 금고에는 돈이 쌓였고 모두에게 인사를 받았다.

 알파는 더 이상 하늘을 보며 우주와 신에게 말을 걸지도 않았다. 아니, 온 도시를 뒤덮은 시커먼 연기 때문에 하늘조차 제대로 보이지 않았다.

채사장의 핵심 노트

계급은 더욱 세분화되었다

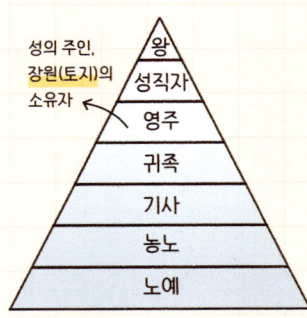

성의 주인, 장원(토지)의 소유자

왕 / 성직자 / 영주 / 귀족 / 기사 / 농노 / 노예

○ 중세 봉건제사회

중세는 4세기부터 14세기 무렵까지 천 년 정도의 시기를 말합니다. '토지'라는 생산수단은 고대에서부터 지배층이 독점을 하였고, 중세에서도 마찬가지로 이어집니다. 중세에 와서는 사회 계급이 더 다양하고 복잡해집니다.

고대와 중세의 다른 점은 지배자가 스스로를 신이라고 부르지 않는다는 것이지요. 이는 중세가 그리스도교 문화권에 있었기 때문입니다. 종교가 권력을 인정해 주었기 때문에 중세의 사회 체계는 긴 시간 동안 안정적으로 유지될 수 있었습니다.

고대 — 지배자 스스로 신과 동일시하여 권력의 정당성 획득

중세 — 신으로부터 통치 권한을 위임받았다고 하여 권력의 정당성 획득

○ 흔들리는 중세

중세 후기에 견고했던 사회 분위기가 흔들리게 된 원인은 두 가지로 볼 수 있습니다.

중세 사회가 흔들리게 된 원인은?

① **상업의 발달**
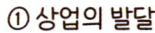
- 무역으로 부를 축적한 상인계급 등장
- 생산수단인 토지가 없어도 부의 축적이 가능

후추 사시오.

영주 / 상인 — "내말 안 듣냐?" / "내가 왜 듣냐?"

② **공장의 탄생**
- 증기기관(기계) + 분업(효율) = 공장
- 새로운 생산수단의 탄생
- ☆공장☆

여럿이 나눠서 하니 벌써 끝났네~

영주 / 부르주아 — "내말 안 듣냐?" / "내가 왜 듣냐?"

> **중세의 지배자**
> 신으로부터 권력을 위임받은 존재
>
> **중세 후기**
> 상업의 발달과 공장의 탄생으로 사회 체계가 흔들림

중세의 그리스도교

중세가 시작된 4세기 무렵, 그리스도교는 로마 제국의 국교가 되면서 유럽 전체에 거대한 영향력을 미치기 시작했다. 그리스도교에서 신은 인간의 모습이 아니라 우주를 창조한 유일무이한 존재였다. 그렇기 때문에 왕은 신이 아니라 신으로부터 통치 권한을 인정받은 존재로 바뀌었고, 이 권한은 성직자들이 부여해 주었다. 그 대가로 국왕은 교회의 재산과 자유를 보장해 준 것이다. 그렇게 중세의 지배자들은 권력의 정당성을 획득했다.

신성로마제국의 황제 카를로스 대제의 대관식 장면 왕관을 씌워 주는 이는 교황 레오로, 교회가 왕의 권위를 인정해 주는 역할을 했음을 알 수 있다.

중세 시대의 인간은 단지 신의 영광을 드러내기 위해 창조된 피조물일 뿐이었다. 그러다 보니 개인의 자유는 종교의 교리에 의해 엄격하게 통제받았다. 신을 부정하면 종교 재판을 통해 처형당하는 경우도 흔한 일이었다. 이러한 그리스도교 문화는 4세기부터 14세기까지 약 천 년간 중세의 유럽 사회를 장악했는데, 이것은 왕과 교회가 끈끈하게 결탁하고 있었기 때문에 가능한 것이었다.

마녀사냥 마녀로 판명된 여인을 화형시키는 중세 시대의 삽화

이단 심판 무고한 사람도 이단이나 마녀로 판명되면 고문, 사형, 재산 몰수 등이 이루어졌다.

마스터의 보고서

Break Time
계급을 찾아라

중세 시대의 계급은 고대에 비해 더욱 다양해지고 세분화되었어. 중세 후기에는 새로운 계급이 등장하기도 했지. 설명을 잘 읽고 해당하는 계급을 찾아 선을 이어 봐.

중세 시대 생산수단인 장원을 소유하고 그 안에서 절대적인 권력을 누렸어요. 더 큰 권력을 위해 끊임없이 전쟁을 하기도 했어요.

국왕

영주를 지키는 무사 계급이에요. 영주와 *주종관계를 맺고 병력을 지원하는 대신 땅을 받았어요.

성직자

교회를 대표하며 신을 섬기는 일을 했어요. 지배층의 권력을 인정해 주는 대신 막대한 부를 쌓을 수 있었어요.

영주

영주들과 주종관계로 이루어진 영주들의 주인이에요. 영주들에게 땅을 주고 충성과 복종을 약속 받았어요.

기사

장원에서 농사를 짓는 계급으로, 영주에게 세금과 노동력을 제공하고, 생산물과 보호를 받았어요.

농노

*주종관계 : 주인과 부하의 관계

5 근대 자본주의
세상이 바뀌는 날

알파가 왕궁에서 나오자 마른하늘에서 번개가 번쩍이더니 곧 어마어마한 폭우가 쏟아졌다.
　갑작스럽게 쏟아지는 비에 궁 안은 온통 아수라장이 되었다. 왕궁에서 한가로이 산책을 즐기던 귀부인들의 드레스는 물 폭탄을 맞은 듯 쫄딱 젖었고, 대신들의 가발도 푹 젖어 볼품없는 얼굴에 달라붙었다.
　그러거나 말거나 알파는 마차에 몸을 싣자마자 거칠게 문을 닫았다. 마차는 비 내리는 거리를 덜컹거리며 달리기 시작했다.
　오메가의 가증스러운 말투가 귓가에 맴도는 것 같았다.

　사실 오메가의 경고는 알파 개인에게만 해당하는 것은 아니었다. 당시 국왕과 귀족과 같은 왕궁 세력들은 부르주아를 견제하기 시작했다.

　알파처럼 새로운 생산수단으로 성장한 이들을 '부르주아'라고 부른다. 부르주아라는 말 자체가 '생산수단을 소유한 사람들'이란 뜻이다.

　이들에겐 충분한 돈이 있었고 그것을 이용한 사회적 영향력도 있었지만 한 가지 부족한 것이 있었다. 바로 정치에 참여할 수 있는 권한이었다. 지배자들이 자신들의 통치 권한은 신으로부터 왔다고 주장해 왔으니 부르주아는 제 아무리 능력이 뛰어나도 지배를 받을 수밖에 없는 신세였다.

　알파는 여기까지 온 이상 지금의 이 한계를 뛰어넘고 싶었다. 하지만 무엇이 신을 대신할 수 있단 말인가.

　알파는 신이다. 비록 작은 능력으로 힘겨운 영생을 이어가야만 하는 운명이지만 상위 신의 섭리나 우주의 질서를 의심해 본 적이 없었다. 그건 중세 시대를 살아가는 인간들도 마찬가지였다. 비록 그들이 원하는 것을 들어주지 않는다 해도 인간들은 신을 믿고 신에게 의지했다. 지구에 등장한 순간부터 지금까지, 인간의 곁에는 언제나 신이 있었다.

　알파는 긴 시간 동안 인간을 관찰하고 도우며 좀 더 높은 레벨의 신이 되길 갈망해 왔다. 신을 거부한다는 것은 곧 그 자신을 거스르는 행위였다.

　그런데 지금 알파는 인간과 경쟁하기 위해 신을 대체할 존재를 찾고 있다. 어떻게 해야 그의 폭주를 막을 수 있을까?

그날 이후로 알파는 자신의 저택을 열고 많은 이들을 초대했다. 지성과 학식을 겸비한 다양한 인사들이 초대를 받고 한자리에 모였다. 알파는 몇몇 예술가들이나 과학자들을 경제적으로 후원해 주고 있었는데 그들 역시 알파의 초대에 한걸음에 달려온 것이다.

알파가 개최한 모임은 귀족들이 벌이는 사치스러운 파티와는 달랐다. 이들은 주로 책을 읽고 토론을 했다. 음악도 듣고 미술 작품도 보았지만 주로 과학이나 정치와 같은 이야기를 주고받았다. 그들은 모두 평등하게 지혜를 나누었다.

뉴턴은 만유인력이 우주의 작동원리라고 말하고 있어요.

힘은 질량과 가속도의 곱이다?

그 가설이면 그동안 수수께끼로 남은 여러 과제들이 풀리겠군요.

루소에 대해 어떻게 생각하세요?

사회 계약설 말씀이시죠? 아주 충격적이던데요?

'지배자의 권위는 신으로부터 내려온 게 아니라 사회 계약에 의한 것이다.' 난 전적으로 동의하는 바요.

사람들의 대화는 깊어졌고, 살면서 생기는 여러 질문들의 답을 이성으로부터 찾았다. 현실적인 물음, 죽음 이후의 세계에 대한 물음. 오직 신만이 하던 대답을 이성이 대신한 것이다.

게다가 새로 등장한 루소의 '사회 계약설'이라는 개념은 기존의 지배 체계를 뒤집어 놓을 만했다.

사회 계약설은 사회가 시민의 계약에 의해 형성된 것이라는 이론으로, 신으로부터 권한을 위임받았다는 '왕권신수설'과 대립된다고 볼 수 있다. 사회 계약설에서 권력은 신이 아닌 인간이 부여하는 것이다.

알파의 도움 아래 인간들은 놀라운 속도로 진화했다. 영리한 인간이 신을 멀리할 때마다 알파는 희미하게 웃었다.

세상이 뒤집어지는 날…….

알파가 미치도록 바라왔던 날일 것이다. 과학과 이성의 발달, 상공업의 발전, 지배계층의 타락. 모든 상황들이 그 날을 향해 빠르게 흘러가고 있었다. 왕족과 부르주아, 두 권력은 어차피 충돌할 수밖에 없는 운명이었으니까.

문제는 그 과정에서 너무 많은 사람들이 피를 흘렸다는 것이다.

문명이 생긴 이래 단 한 번도 왕의 지배에서 벗어난 적이 없었던 인류. 그들은 평등이라는 개념을 모른 채 지금까지 진화해 왔다.

그런데 하루아침에 모든 것이 달라졌다. 평범한 사람들이 다른 이의 지배를 받는 것을 거부하기 시작한 것이다. 국왕과 귀족들, 수많은 지배자들이 평범한 사람들의 손에 처형당했다.

뜨거운 햇살과 광분한 사람들의 환호성, 그리고 앞서 처형된 이들의 피비린내로 속이 메스꺼운 오후였다.

멀리 오메가 왕이 밧줄에 묶여 단두대로 오고 있었다.

"죽여라! 죽여라!"

"만세! 공화정 만세!"

군중들은 소리를 지르고 노래를 불렀다. 모두 그의 죽음을 기쁘게 기다렸다. 화려한 옷이 벗겨진 오메가에겐 그 어떤 권위도 찾아볼 수 없었다.

그저 무수히 많은 힘없는 인간들 중 하나일 뿐이었다.

알파도 군중 속에서 오메가를 지켜보았다. 오메가는 여전히 군중보다 높은 곳에 있었다. 고대 노예제사회, 높은 신전 위에서 스스로 신이라고 외치던 그의 모습이 떠올랐다.

글쎄, 어쩌면 그는 신과 정말 가까운 존재였는지도 모르겠다.

"오메가가 사라지면……, 신도 함께 사라지는 건가?"

알파는 함성 속에서 작게 중얼거렸다.

신으로서, 그는 진심으로 두려워하고 있었다.

새로운 권력이 탄생했다

○ 부르주아의 탄생

중세 후기, 공장이라는 생산수단을 소유한 이들은 새로운 권력을 갖게 되었습니다. 이들을 '부르주아'라고 부릅니다.

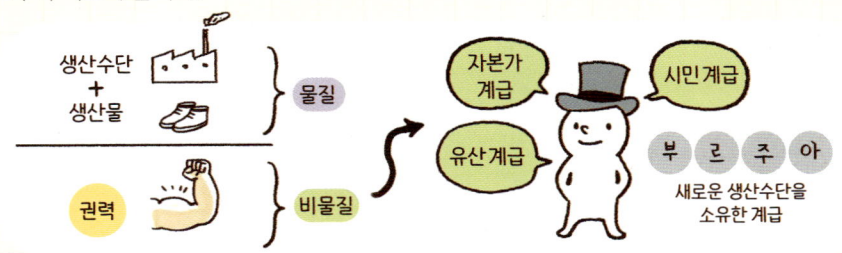

○ 구권력과 신권력의 대립

구권력인 '왕'과 '영주', 신권력인 '부르주아'는 대립하게 되었지요. 그러나 신권력에게는 지배를 정당화시켜 줄 이론적인 토대가 없었습니다. 이들은 신을 대신할 만한 무언가가 필요했지요. 부르주아는 인간의 '이성'으로 신의 역할을 대체했습니다.

이성으로 인해 인류는 이전에는 없었던 '평등'이라는 문제의식을 갖기 시작했고, 결국 불평등한 사회 제도를 바꾸기 위한 시민 혁명이 일어났어요. 지배계층이 몰락하며 중세 시대는 막을 내렸습니다. 두 권력이 충돌하여, 신권력이 승리를 이룬 것이죠.

구권력: 왕, 영주 vs 신권력: 부르주아
인간의 이성 → 자유와 평등 의식
시민혁명의 성공 → 구권력의 몰락

프랑스 대혁명

1789년에 발생한 프랑스 대혁명은 인류 역사상 가장 중요한 사건 중 하나라고 볼 수 있다. 당시 프랑스는 절대왕정이 지배하던 시기였다. 정부는 사치와 전쟁으로 재정 궁핍에 시달렸고, 백성들은 과중한 세금과 억압으로 불만이 쌓여 있었다.

이때 새롭게 성장한 부르주아 계급의 적극적인 개입으로 시민 봉기가 일어난다. 이 혁명은 3년간에 걸쳐 모든 체제를 뒤집는다. 프랑스 혁명을 시작으로 유럽 사회는 신권력이 구권력을 몰아내고 사회·정치·종교의 틀을 새롭게 바꾸는 계기가 된다.

프랑스 사회의 불평등을 풍자한 그림

프랑스 대혁명 훑어보기

테니스코트의 서약

신분 불평등에 반대한 평민(부르주아) 의원들이 새로운 헌법 제정을 요구했다.

프랑스 인권 선언문

세계 최초로 프랑스에서 인권 선언을 발표하면서 자유와 평등의 개념을 유럽 전역에 전파했다.

1789년 6월 — **1789년 7월** — **1789년 8월** — **1793년 1월**

바스티유 감옥 습격

국왕이 평민 의원들이 만든 국민의회를 무력으로 해산시키자, 분노한 시민들이 바스티유 감옥을 습격했다.

루이 16세 단두대 처형

당시 프랑스의 왕 루이 16세(재위 1774~1792년)가 파리 콩코드 광장의 단두대에서 처형되었다.

Break Time
가로세로 낱말풀이

드디어 역사 여행을 마쳤어. 낱말풀이를 통해 원시 공산사회부터 근대 자본주의까지 권력의 변화와 핵심적인 어휘를 확인해 볼까?

가로
- ㉠ 산업혁명 때 등장한 새로운 생산수단.
- ㉡ 중세 유럽, 영주를 지키는 무사 계급.
- ㉢ 함께 일하고 똑같이 나누며 평등했던 시대. ○○○○사회.
- ㉣ 고대의 계급 피라미드에서 제일 아래에 있던 신분.
- ㉤ 부르주아는 이것으로 신의 역할을 대체했지요.
- ㉥ 지구가 끌어당기는 힘.
- ㉦ 구속에 얽매이지 않고 자기 마음대로 할 수 있는 상태.
- ㉧ 18세기, 유럽에서 일어난 생산 기술과 사회 조직의 큰 변화를 뜻하는 말.
- ㉨ 제임스 와트가 개량해, 산업화 속도를 높여 준 기관.

세로
① 중세 봉건제사회의 생산수단.
② 누군가의 노동으로 생산물을 얻어 내는 도구를 뜻하는 말.
③ 예수 그리스도를 구세주로 믿는 그리스도교의 다른 말. 훗날 로마 제국의 국교가 되었다.
④ 중세 봉건제사회에서 영주에게 땅을 빌려 경작하고 세금을 낸 계급.
⑤ 교회를 대표하여 신을 섬기는 일을 하는 계급. 중세 봉건제사회에서 막대한 권력을 누렸다.
⑥ 생산수단을 가지고 노동으로 얻어 내는 결과물.
⑦ 프랑스 시민들이 인간의 권리를 주장하며 일으킨 혁명.
⑧ 4세기부터 14세기 무렵까지의 천 년 정도의 시기. 유럽에서는 이 시기에 기독교를 기본 이념으로 두었다.

에필로그

신과의 대화

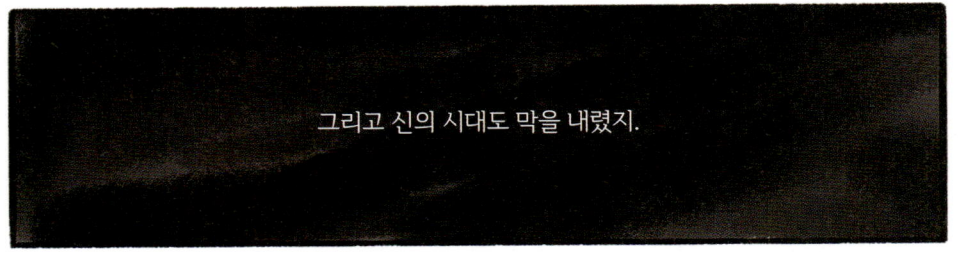

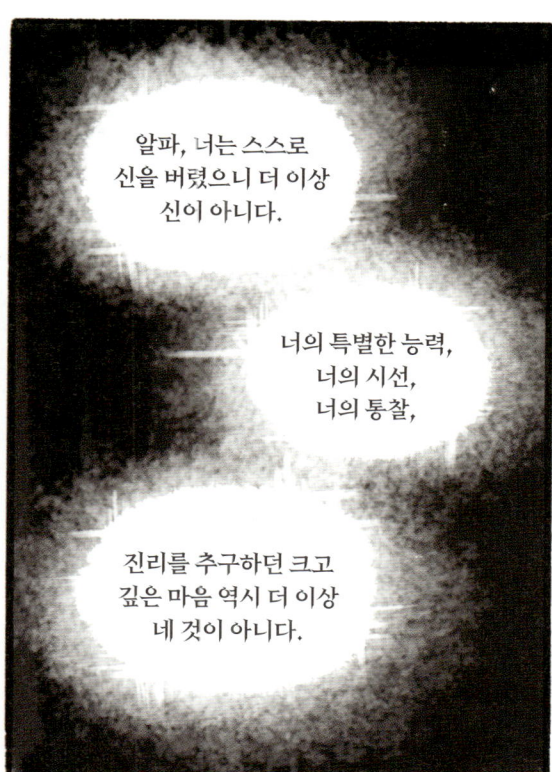

알파가 눈을 떴을 때 그는 포근한 침대 위에 있었어. 고급스러운 가구와 침구가 눈에 들어왔지. 넓고 튼튼한 집과 따뜻한 옷감은 그를 안전하게 지켜 줄 것만 같았어. 하인들이 준비해 준 따뜻하고 영양가 있는 저녁을 맛보니 조금 전까지만 해도 그를 사로잡던 두려움이 조금씩 사그라졌어. 오메가가 사라졌지만 그의 세상은 여전히 평화롭게 돌아가고 있었던 거야. 알파는 신을 죽이고 얻은 이 안락함이 싫지만은 않았던 것 같아.

'그래, 이왕 이렇게 된 거, 더 누려 보는 거야. 가장 인간다운 인간으로 진화해 보는 거야.'

앞으로 그에게 어떤 운명이 다가오게 될까? 거대한 역사의 소용돌이 안에서 이 특별한 남자의 이야기도 이어질 거야.

최종 정리

어린이 여러분, 안녕하세요? 채사장입니다. 원시 공산사회부터 근대 초기까지, 알파와의 기나긴 여행을 달려온 기분이 어떤가요? 지금부터는 알파가 그간 겪은 인간 사회의 변화를 최종 정리해 볼게요.

우리는 앞서 역사를 다섯 단계로 구분했죠. 이것은 다시 둘로 나눌 수 있어요.

원시 공산사회 — 고대 노예제 사회 — 중세 봉건제 사회 ①
근대 자본주의 — 현대 ②

이 책 1권에서 알파가 경험한 시기의 핵심이 되는 개념은 생산수단이었습니다.

① 생산수단은 생산물을 만들어 낸다.
② 생산수단과 생산물을 소유한 사람은 부를 갖는다.
③ 부를 갖는 사람은 곧 권력을 갖는다.
결론 : 생산수단 소유 = 권력 획득

자, 그럼 역사 속에서 생산수단과 소유주가 어떻게 변화했는지 정리해 볼까요?

시대	생산수단	소유주
원시 시대	생산수단이 없었어요	원시 시대는 평등했어요
고대	토지와 영토	왕
중세	장원	왕과 영주
근대	공장과 자본	부르주아

> **생각하고 토론하기**

비록 알파는 신이지만, 인간 사회에서는 평등한 관계로 지냈던 알파와 오메가 사이에 어떻게 권력과 계급이 생긴 걸까요? 함께 읽고 토론해 봅시다.

① 돌조각이라는 생산수단이란 하나의 물질일 뿐인데, 그리고 돌조각으로 일궈 낸 생산물도 물질일 뿐인데, 어떻게 비물질인 권력이 되는 걸까요?

② 고대에 오메가는 자신의 권력을 주장하기 위해 자기가 '신'이라고 말했어요. 중세에 오메가는 자신의 권력을 '신'으로부터 위임받았다고 했어요. 말하자면, 고대는 우리 반에 학생이 와서 자기가 '선생님'이라고 말하는 것과 같고, 중세는 자기가 선생님으로부터 권력을 위임받은 '반장'이라고 말하는 것과 같아요. 왜 각각의 오메가는 이런 말을 했을까요?

③ 부르주아가 등장해서 구권력에 저항하고, 평등한 시민의식이 생겼어요. 부르주아가 구권력에 가장 크게 저항한 이유는 무엇일까요?

이제 2권에서는 근대 자본주의 이야기가 시작될 거예요. 혁명 이후 과연 인간은 평등해지고 행복해졌을까요?

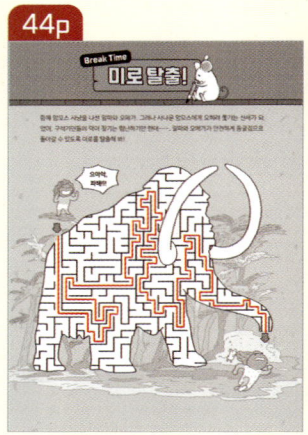

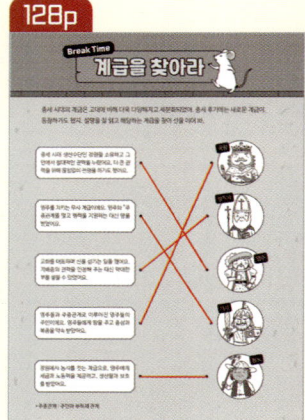

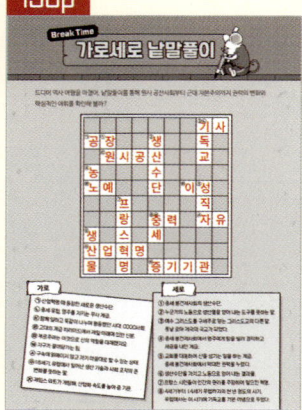

1권에서 이 책의 작가 채사장님이 딱 한 번 등장하는데, 찾아보세요! 그리고 2권에서 채사장님의 본격 활약도 기대해주세요!